よつばと!

3

あずまきよひこ

もくじ

YOTSUBA&!

KIYOHIKO AZUMA

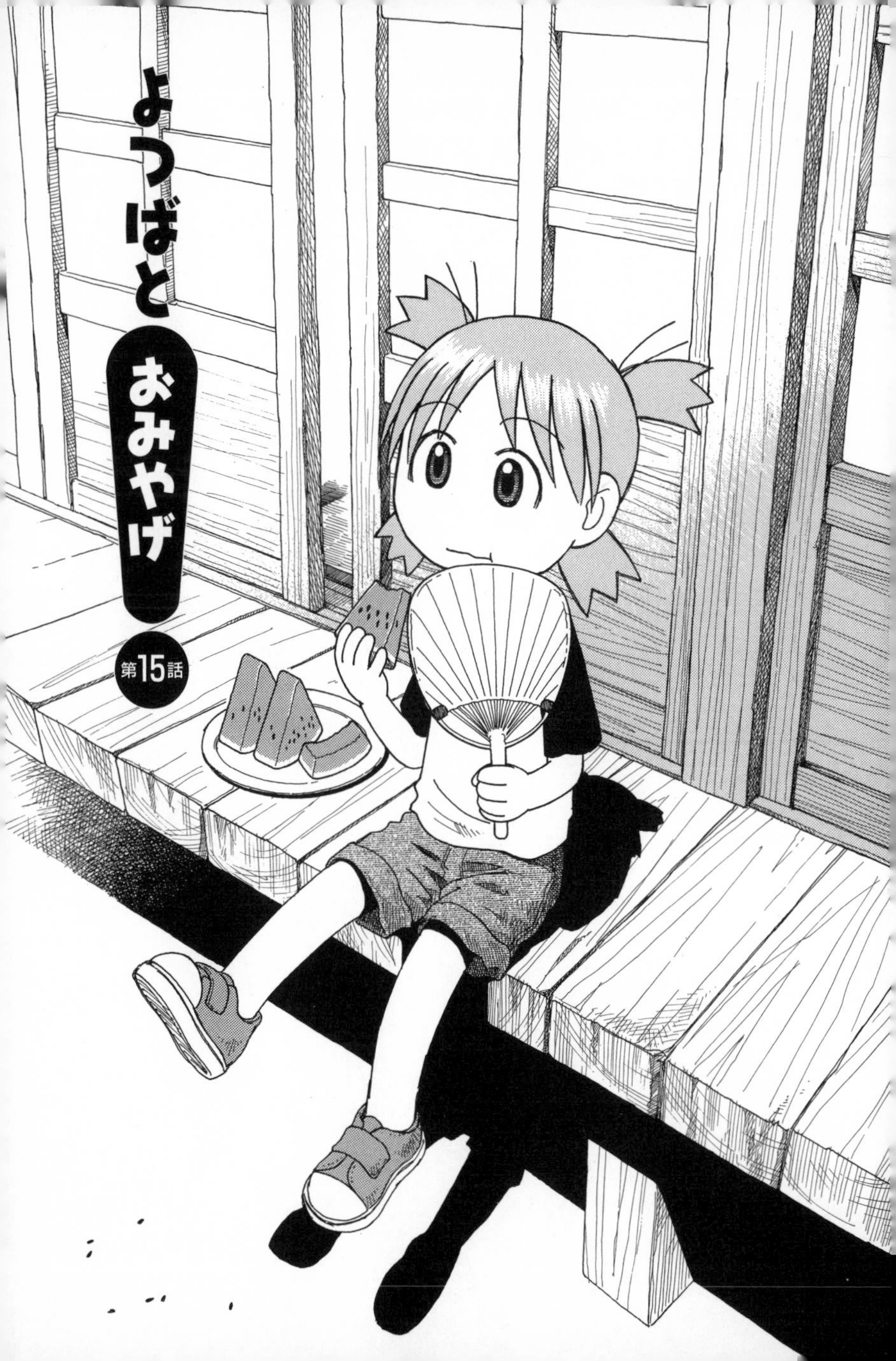
よつばと
おみやげ
第15話

ん？

よつば――
なんだこれ？よつばのズボンに入《はい》ってたぞ
あ――わすれてた
えーと…
さ――
ふぁ――…
は――さ――
はんま…
…はー…
よつばはテレビみてるとちゅうなの！
も――
ごまかすな

これはきのう あさぎにもらった！
おみやげーー
へーー ちゃんとありがとう 言《い》ったか？
いった！ ものすごく いったーー！
そっか えらいな
ものすごく？
あ！これはとーちゃんに あげようとおもって もってかえったんだった
はい！
え？ 俺《おれ》？
…大丈夫 なのか？
…これ きらいか？
いや…
つーかなんか わからんし… ドーナツ？

とーちゃん
にがてだったら
よつばがたべて
やろうか？
たれー
じゃあよつば
食《た》べてくれ
そーかぁ
わかった！
まかせろ！
ぱくっ

うまいか？変《へん》な味《あじ》しないか？
ん――！
ちょ――うまいぞ！
ちょ――だぞ!?
そんなにか
でも今度《こんど》からはポケットじゃなくて袋《ふくろ》とかに入《い》れろなー
わかった！とーちゃんのこだわりな
お前《まえ》変《へん》な言葉《ことば》知《し》ってんなぁ
アタック
そーだ！
あさぎにもおみやげあげたい!!

おみやげ? じゃあどっか 行《い》かなきゃな
ほほう
ピッ
ざーーー
んーー
よっしゃ!
こうえん いってくる――
♪
おみやげは――
えっとー

ふん—

あーあとちょっと待《ま》っててー
ん

シュボ
フー

こんにちわ!!
……こんにちは
このいえにようじか!?
…ああ
だれだ!? あさぎか!?
？ああ
いっしょだ!

よつばも
あさぎに
ようじだ！
あ！
たばこだ！
たばこはわるいから
だめだって
とーちゃんいってた
でもとーちゃんも
むかしやってたって
いってた
？
とーちゃんも
むかしは
ワルかった！
おまえはいま
ワルいのか？

なんでタバコすってんだ？
ん――……
フー
カッコつけてんの
かっこいー

かっこいいな
おまえ！
きにいりました！
あははははぁ
フーーー
わぷ
わぷ
なにをするーー!!
……

おまたせー
ん
なんか
ちっこいのがいる
あさぎだ!
は——!!
あら
よつばちゃん
あさぎは
きのう
おみやげくれた!
きょうは
よつばがやる!
はいっ

わーー四葉《よつば》のクローバーじゃない
はっはっはー
ありがとーー
よし とくべつだ！ こっちの ねーちゃんにも やろう！
はい！

きたねー
ボール…
これから
どっかいくのか？
うん
おでかけ
おーーー！
またか！
じゃっ
ねーー
ブウウ
いってらっ
しゃーーい！
おみやげ
たのむなーー

……あれはなんだ?
お隣《となり》のよつばちゃん
かっわいーでしょ
変《へん》な奴《やつ》だ
久《ひさ》しぶりに見《み》たなーこーゆーの

よつばとあさぎ！
第16話

いくよー
そーれっ
ぱん
そーれっ
ブン

たすん
あはははは!
なーー!?
むずかしいなー
このあそびはー
6時《じ》になりました
よい子《こ》のみなさん
おうちに帰《かえ》る
時間《じかん》です
あ
かえるじかんだ
フフー
じゃあ私《わたし》の
勝《か》ちーー

あさぎが かえってこない
よいこじゃ ないかも なー
ん？
あさぎお姉《ねえ》ちゃんに 何《なに》か用《よう》？
おみやげ！
おみやげ たのんだんだー!!
へ？ おみやげ？
今《いま》 別《べつ》に旅行《りょこう》とか 行《い》ってないよ？
くるまで どっかいった！
だからおみやげ たのんだ！

んーー
買《か》ってくるって言《い》った？
うん！たのむってゆったら
あーーはいはい
ってゆった
買《か》ってくるかな…
はやくかえってこないかなー

よつばー
ごはんできたぞー
これもってけー
おーーー!
カレーってせかいいちだなーー!?
うん
ぱくぱく
なんだ?
ブウウン
んっ

だだだ
ちがった
なんだ？
なんか外《そと》に
来《く》るのか？
あさぎ
おでかけ
おみやげ
………
…あんまし
ズーズーしいこと
すんなよ？
あーあれか？
しってる
あの
むずかしい…
え……
…えんりょ？
それ
それ
むずかしいか

ごちそーさまでした！
ういーごちそーさーん
はーもううごけないー
うー
ブウウン
！
だだだ
ばん
あさぎだ

じゃあそこの玄関《げんかん》の前《まえ》で
あさぎ!!
あら よつばちゃん
おみやげは!?

おみやげかってきてくれた!?
え?

よつばちゃん
よつばちゃん
へへー
これなーんだ？
花火
牟田花火

はなびだーー!!
今《いま》からこれをみんなでやります
おーーー!!
えなとふーかよんでくる!
あ!とーちゃんにもはなびしてくるってゆっとかないと!!
あわ
おちつきなさい

ふーか！はやく！はやく！
あ 虎子《とらこ》さん こんばんはー
うん
花火の時タバコ吸うと爆発しますよー
爆発？
とらこ？
そう こいつ虎子《とらこ》って ゆーの 名前《なまえ》
すごい名前でしょー

とらってあれか!? が——って やつか!?
…そう
みた! とら!
おひる テレビ でみた
こどものしかを とらが たべちゃった…
かわいそう だった…
そっか… ごめん…
よつばちゃん どれがいいー?
えっとな—— えっとな——
せんこうはなびは さいごだな!?
お よく 知《し》ってるね——
じゃあ これ!

ぱあ

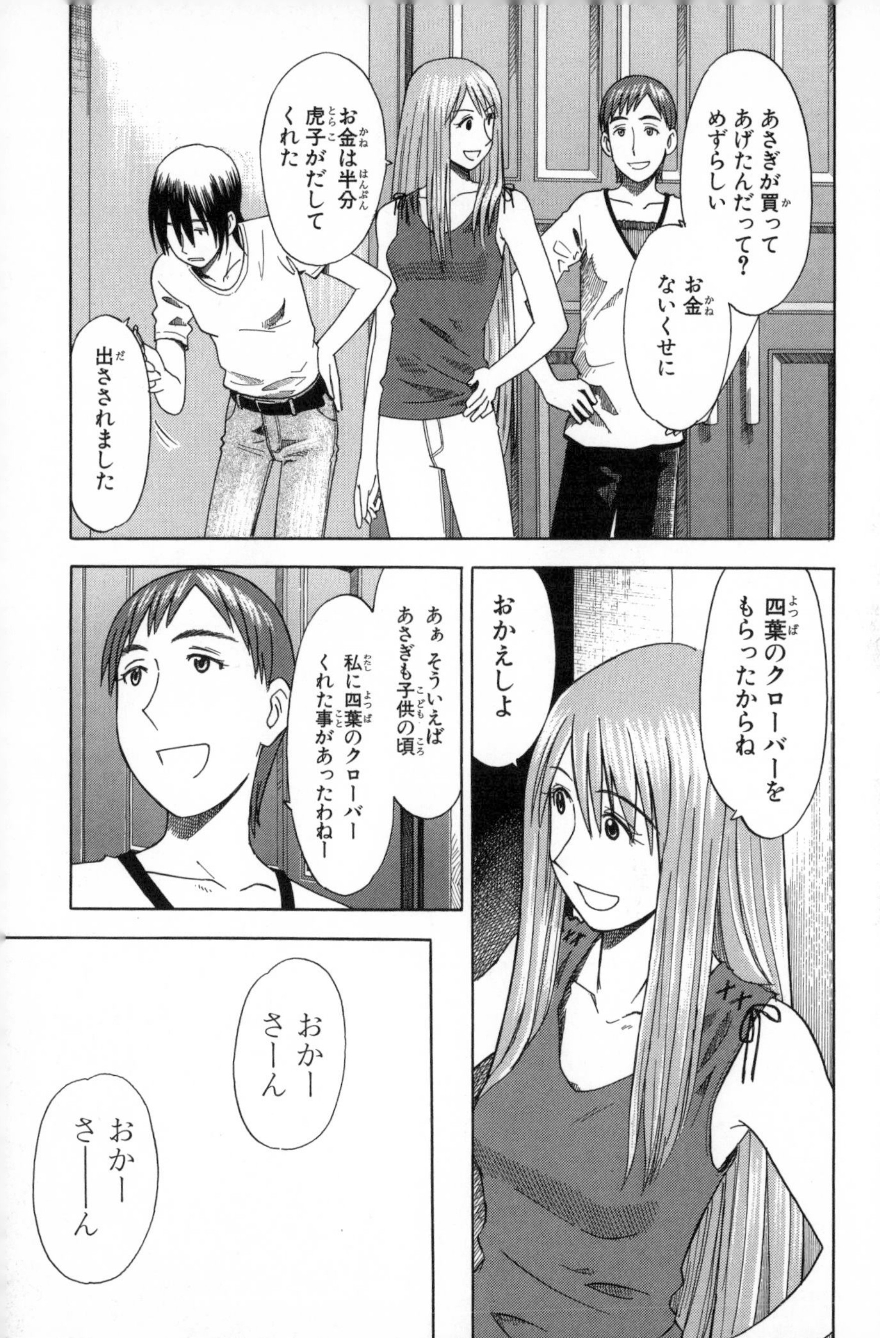
あさぎが買《か》ってあげたんだって？めずらしい
お金《かね》ないくせに
お金《かね》は半分《はんぶん》虎子《とらこ》がだしてくれた
出《だ》さされました
四葉《よつば》のクローバーをもらったからね
おかえしよ
あぁ そういえばあさぎも子供《こども》の頃《ころ》私《わたし》に四葉《よつば》のクローバーくれた事《こと》があったわねー
おかーさーん
おかーさーーん

おかあさん！ほら！よつばのクローバーみつけたよ！
よつばのクローバーはもってるとしあわせになれるんだよ！
おかあさんにあげるね！

それはあさぎが持《も》っていなさい
私《わたし》には…
五《いっ》ッ葉《ば》を見《み》つけてきてちょうだい
いつつば!?
五《いっ》ッ葉《ば》のクローバーは金運《きんうん》がアップすると言《い》うわ
五《いっ》ッ葉《ば》を探《さが》してちょうだい
おかーさーん
いつつば ないよー
おかーさーん
おかーーさーーん

昔《むかし》はあんなにかわいかったのに
なんでこんなにやさぐれてしまったのかしら
やさぐれてないわよ
親《おや》にも問題《もんだい》がある気《き》がする
しゅぼ
とら——
とら——
こいこい！
ぱんっ
きゃっ
ほら とらのくるまきれい
？

わあ!!
ああ!!
も
もえる!!
あははは!
くるまはてつだから
もえない
そ そうか
いや
そーじゃなくて

わあー
きれいいねー
なーー!?
あっ
あっ
大丈夫《だいじょうぶ》なのか!?
これ
大丈夫《だいじょうぶ》なのか!?
いいか？
子供《こども》はあんなのじゃなくて
こういう小《ちい》さな花火《はなび》をしろ
な!?
はーーい

どうもありがとう ございまーす
あ いえいえー
あ! とーちゃんだ!
とーちゃーん はなび たのしーぞー
おー よかったなあ 迷惑《めいわく》かけてないかー?
うん!

はなび
なくなったー!
よーーし
じゃあ最後《さいご》は
線香花火《せんこうはなび》で
しめくくろうー
うん!
ぶ
ぶ
ぶ
ぶ
おーー!
おーー!
ぱち
ぱち
ぼと
あ
あははは!
よつばのは
すぐおちるんだー
じっと!
じっとするの!
1ミリも
動《うご》いちゃダメ!

もっかい
もっかい
じーっと
じーー
じーー
あ
ぼと
おわりー
はーー
おもしろかったー?
ちょーーっ
ちょーー
おもしろかった!!

おーーい
まだ1個《こ》残《のこ》ってたぞー
ヘビ花火《はなび》
にゅー

よつばと!

たからもの
ドラゴ

よつばとフラワー

第17話

ぱん
とりゃ
ごろん
ぎちん
ぺちん
なんだっ
たー!!
ガバッ
ぱん

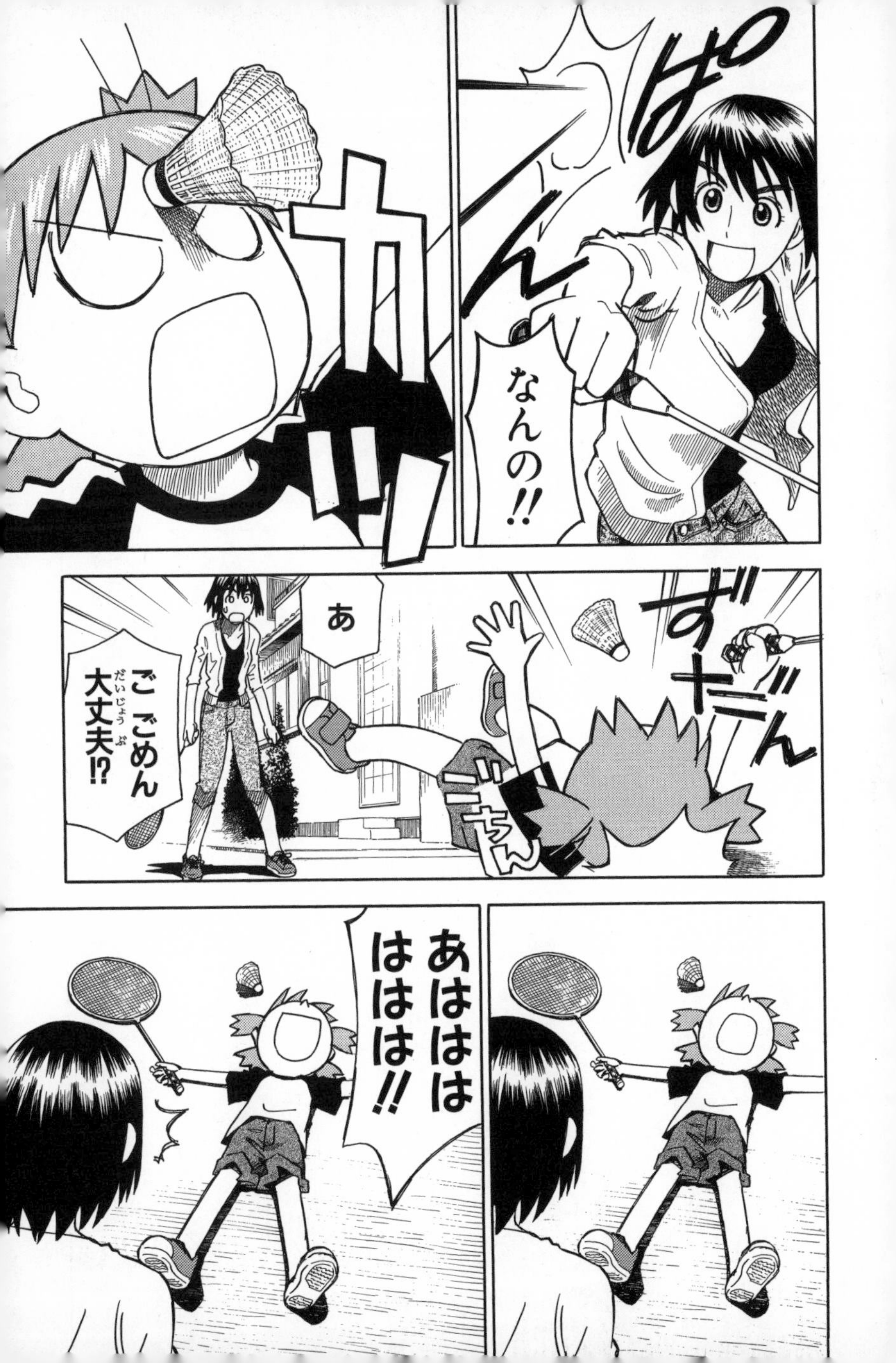
ぱん
なんの!!
カッ
ずだーん
ごちん
あ
ご ごめん
大丈夫《だいじょうぶ》!?
あはは
ははは!!

うーん とっくんは きびしいなぁ
風《ふう》香《か》ー
むくっ
お買《か》い物《もの》 行《い》ってくれるー？
ん？ いいよ？ 何《なに》買《か》うの？
仏壇《ぶつだん》のお花《はな》
んー わかったー
よし じゃあ 今日《きょう》の特訓《とっくん》終《お》わり！
ありがとう ございました！
よつばも おかいものいきたい！
お？ じゃあ 一緒《いっしょ》に行《い》くか！

おはなかうのー?
そーよー
死《し》んだおじいちゃんとおばあちゃんにお供《そな》えするのよ

？
ふーかあした おばーちゃんち いくっていったのに
ばーちゃん しんだのか？
あ そっちは別《べつ》
おばあちゃんて 二人《ふたり》いるでしょ？
？ ふたり？
あ そーか よつばちゃんは 一人《ひとり》か
えーと
だから お父《とう》さんとお母《かあ》さんにも お父《とう》さんとお母《かあ》さんが いるからー
明日《あした》行《い》くのは お母《かあ》さんのお母《かあ》さんの方《ほう》の おばあちゃんなわけよ
で 今《いま》から 買《か》いに行《い》くのは お父《とう》さんのお母《かあ》さんの おばあちゃんのなの
わかった？
あっ！ バスだーー！

早めの点灯で事故防止
大塚医院
バス
バス
よつばちゃん
バス好《す》きー？
うん！
ヴウン
でもおたかい
ものだよなー
よつばちゃん
何才《なんさい》だっけ？
歩行者
自転車
専用
え——と
6さい？
キッ

じゃあよつばちゃん
タダで乗《の》れるよー
タダ!?
そーよー
ぱっ
よつばちゃんくらい
小《ちい》さい子《こ》は
タダなの
よっ
今度《こんど》一緒《いっしょ》に
かる…
あれ?
あれ!?
え!?
よつばちゃん!?

ゴッ
非常口

ヴウーー
プシーー
ガコン
出口
EXIT
9

とん
はー
よ よつばちゃーん
ぜー
ぜー
ぜー
ふーか!のった!バスのった!
ぜー
ぜー
ぜー

た…たのしかった？
うん！
あ さっきバスからジャンボみた！
え？ほんと？どこ？
あっち
あっち
あのね バスはタダだけど おとなと乗らなきゃだめなの
あー そーだったのかー
おはなやさん！
あ
じゃあここで買《か》っちゃうか

フラワー ジャンボ
flower jambo
flower jamb
フラワー…
ジャンボ？
あ！ジャンボだ！
！

ありゃ?
ジャンボー!
たたたっ
おう よつば
なんだ?
どーした?
ひょい

ジャンボ おはなやさんで なにしてんだ?
なんだと 思《おも》うー?
んー
おりょうり?
ブー おしいなぁー
ジャンボさん お花《はな》屋《や》さん だったの!?

ピンポーン 正解《せいかい》
あーー! いっちゃだめーー! よつばがあてるのーー!
もー
あ ごめん
やり なおし
んー
……おはなやさん…?
ピンポーン 大正解《だいせいかい》!!

ジャンボさん
ここの店長《てんちょう》さん
ですか?
いや それは
うちの親父《おやじ》が
あ 帰《かえ》ってきた
いらっしゃいませー
あ これ
客《きゃく》じゃねーから
これ
ゆーな
ん?
お!?
なんだ!?
新《あたら》しい彼女《かのじょ》かよ!?
おお――!!
前《まえ》の子《こ》よりベッピンさんだ
フラれてよかったな隆《たかし》!!

でも若《わけ》ぇーなまた！
大丈夫《だいじょうぶ》か⁉ 法律《ほうりつ》とかよ⁉
ちがう
全然違《ぜんぜんちが》う
ほら コイとこの
ザクッ ザクッ
ざくっ
お？
ざく
じょーちゃん よつばちゃん だな？
お

じーちゃん
だれ――？
俺《おれ》はなー
ジャンボのとーちゃんだ
おーー！
ジャンボにもとーちゃんいたのか！
よつばにもいるよ!?
フツーのおおきさだ
小岩井君《こいわいくん》な？
元気《げんき》か？ とーちゃん
うん！ げんき！
きょうもパンツマンダンスしてた
あ？
パンツマンダンス!?
で 今日《きょう》はなんで来《き》たの？
え？
あー お花買《はなか》いに来《き》ました
なんだお客《きゃく》さんじゃねーか
はい
まぁゆっくりしてってくんな

ほーー
おーーい隆
水かえやったか?
あーー
やってるよーー
あ、あれキーパー
入れんなよーー
わかってる
で 何《なに》?
どんな花《はな》がいるの?
えーと
あれ
仏壇《ぶつだん》に
お供《そな》えする
ああ仏花《ぶっか》ね
いいよーー
わーー

これ何《なん》ですか？中《なか》でお花《はな》冷《ひ》やしてるの？
そーー
今《いま》なんか外出《そとだ》してたらすぐ咲《さ》いちまうからなー中《なか》はすずしいのよ
ふーん
わっ

すずしかった
だめだめ入《はい》っちゃ
あ
ひまわりだーー！
お!?
よつばちゃんはひまわり好《す》きかい？
すきーーかっこいー
俺《おれ》もひまわり大好《だいす》きでなぁー！ひまわりならよそには負《ま》けねー！
どーだい!?きれいだろう!?
きれーー

な!? 隆《たかし》!! 子供《こども》の純粋《じゅんすい》な目《め》にはわかるんだよ!
そーかなー
flower jambo
わーー! 赤《あか》いひまわりもあるんだねーー!
赤《あか》いのはきっとビョーキだな?
あ 仏花《ぶっか》これでいい? ハスいる?
ハス? 入《い》れるとどーなります?
値段とか
ん まぁ 高《たか》くなる
じゃ いらない
しっかりしてんなー

くださーい
ん?
ひまわりください
10円《えん》か!?

ん――!
気《き》に入《い》った!!
特別大《とくべつだい》サービス!!
その辺《へん》の全部《ぜんぶ》10円《えん》だ!!
もってけ!!
お――――!!
隆《たかし》!! やばそうなの全部《ぜんぶ》やっちまえ!!
お!? やっとくか!?
じゃあ 玄関《げんかん》のサービス品《ひん》を
お そこのバラ満開《まんかい》じゃねーか! 全部《ぜんぶ》やっとけ!
おう
じゃ じゃあ このバラは あさぎさんに
花言葉《はなことば》は情熱《じょうねつ》・愛情《あいじょう》…
いや いーから よつばちゃんにやって
うち るすにするし

それにお姉《ねえ》ちゃん彼氏《かれし》いるよ？
あれ？あの人《ひと》はもう終《おわ》ったっけ？
？
そこ!!そこ大事《だいじ》よ!?
んーーよく知《し》らない
うがーー!!役《やく》に立《た》たねぇ女《おんな》だな!!

もういい!! よつばこれもってけ!! 親父《おやじ》!! この箱《はこ》のいらねーな!?
あーやっちまえ! やっちまえ!
バラとかって高《たか》いんじゃないんですか?
あー今安《いまやす》いんだ 親父《おやじ》がバカみたいに仕入《しい》れやがって
バカとはなんだこの野郎《やろう》!!
はい 10えんー
キコ
キコ
ジャンボさん お花屋《はなや》さん だったんだねー
なーーー
しってたー?
しらなかったー

OPEN
アルバイト
募集
いいよねー
お花屋《はなや》さん
また
行《い》こうね
うん

よつばと!

よつばと お盆

第18話

カタ
カタ
カタ
ふん
花《はな》もいいなぁ
ひょこー

よっせ
おはなきれいな!?
あー そうだなぁ
……
でもなぁ

…やっぱりな？
多《おお》すぎるよな？
うん
きれい
いや うん
じゃなくて

すわって
すわって
似合《にあ》うか?
とーちゃんは
なんでも
にあうなー
こんなにいっぱい
あるんだからさ
みんなにわけて
あげないか?
ほー
いいこと
ゆーなぁ
さすが
とーちゃんだ

じゃ お隣《となり》さんとかに いっぱいやってこい
うん
よし! 今《いま》からよつばは 花《はな》キューピットだ!!
花《はな》キューピット

あははは！ かわいいかわいい
マッチ売《う》りの少女《しょうじょ》みたいだ
あー いえにひーつけるやつな？
違《ちが》うよ なんだそれ
あ お盆《ぼん》だし 菊《きく》も持《も》っていくか
んーー
あれ？ 菊《きく》はないか
おぼん？
そう 今日《きょう》は お盆《ぼん》っていってな えーと
死《し》んだおじーちゃんや おばーちゃんが 帰《かえ》ってくる日《ひ》なんだ
……。
おーー？
よし！ じゃあ 花《はな》キューピット 発進《はっしん》せよ!!
ガッ
ラジャー!! はなキューピット はっしんします!!

ガチャコ
ガチャガチャ
お？

あけてー
どん どん
あけて
あけてー
どんどんどんどん
あーけーてー
あけてくださーい…

はっ
そーだ！ばーちゃんちだ！
なーんだ
なーんだ
んーー
じゃあおはなはだれにやろうかなぁ
んー
そーだ！ひとのいっぱいいるところいこう！
ケーキやさんのほう！

さーいーたー
さーいーたー
チューリップーがー
さーいーたー
チューリップー…
チューリップーはー
さいてないー
うそでしたーーー
はーはー
ふーーーん

おわ!?
あ あのね これは お絵《え》かきしてるんじゃ なくてね?
えーと
悪《わる》い車《くるま》にしるしを つけてるの
だから おえかき しないでね?

あ！
ねーちゃん
おまわりさんだ!!
あ うん
そう
お――――
これわるい
くるま!?
うん
そーなのよー
?
ごそごそ
みろ！
みろ！
ん？

さっ
な?
あ?

これを
やる
え？
わぁ ありがとう
じゃあ よつばはゆく！
ねーちゃんも がんばれ！
ありがとうねー
ててて
がんばろう

おー
いるいる
ひとがいる
よろしくお願いしまーす
よろしくお願いしまーす
よろしく…
ん?
じー

はい よろしくー
ちりかみだ
ありがとうー
いえいえ
よろしくお願いしまーす
よろしくお願いしまーす
なるほど！わかりました！
うん！
ん？

よろしくお願《ねが》いします
よろしくおねがいします
できた
?
よろしくおねがいします
ん?
おや お花《はな》くれるのかい?
お嬢《じょう》ちゃんはえっと…何《なに》?
はなキューピットです!

フフ…
花キューピットか…
花《はな》キューピットなの？
うん
あ にーちゃんもやる
ありがとう
？
花キューピットってこーゆーのだっけ？
よろしくおねがいしまーす はなキューピットでーす
おっちゃんよろしくー はなキューピットです
だいぶなくなった

あ…
あ…
どうしたの？
おなかすいた
かえる
あ そう
おつかれー
ばぃばーい

こんにちは
こんにちわ!
ばあちゃんはまだいきてるの?
へ!?
あっはっはっはっは

そーね
そーね
今日《きょう》は死《し》んだ人《ひと》が帰《かえ》ってくる日《ひ》よねぇ
うん
お嬢《じょう》ちゃんは羽《は》根《ね》はやしてまるで天《てん》使《し》さんね？
よつばははなキューピットだよ？
あらじゃあ本《ほん》当《とう》に天《てん》使《し》なのねぇ
はい
あらありがとう
ん？誰《だれ》かなその子《こ》は？
あらおじいさん
花《はな》キューピットのよつばちゃんよ
よろしくおねがいします
おやおやありがとう

じー
このおじいちゃんはね 天国《てんごく》から帰《かえ》ってきた 人《ひと》なのよ
!
お
?
じーちゃん
てんごくってどんなとこ?
へ? 天国《てんごく》? 天国《てんごく》かぁー…

お花《はな》がいっぱい
咲《さ》いててなぁ…
おいしい食《た》べ物《もの》が
たくさんあってなぁ…
えーと
ぐうう〜
おや すごい
お腹《なか》の音《おと》だな
ごはん…!!
ごはんにかえらないと!!
じゃーなー!
またなー!
気《き》をつけて
お帰《かえ》り
あ?
じーちゃんも
きをつけて
かえれなー!!
あははは

ただいま——!!
はらへった!! ごはん!!
あー 今《いま》 作《つく》ってるよー
じゃー
ぐー
ぐー
てんごく なー——
今度《こんど》は何《なに》を おぼえてきた?

よつばと!

まんぷく

よつばとぞう

第19話

なー
これはー？
んー
それはなぁー
ガブッ
ギャー!!
こわいな!?
こわいな!?
こわいぞー
ガブッだぞ

お――
ANIMAL ENCYCLOPEDIA
これは!?これは!?
ん?
ガリッ
ギャーーッ!!

きゃはは
ははは
つぎはな——
ふん
重大発表《じゅうだいはっぴょう》——!!
ザッ

あした動物園《どうぶつえん》に行《い》こう
！
ちょっと行《い》った所《ところ》に小《ちい》さな動物園《どうぶつえん》があるんだ
よつばは動物園《どうぶつえん》初《はじ》めてだな
知《し》ってるか？
りりろんはしってる
理論《りろん》知《し》ってんのかすごいな
ライオンいるのか!?
しろくまは!?
そーゆー大《たい》そうなのはいなかったと思《おも》うなぁ
しろくま好きなのか？

ん―― でも
ゾウはいたはずだ
お――!!
スゲ――!!
よしじゃあ
明日《あした》は
お弁当《べんとう》持《も》って
おべんとう!!
バスに乗《の》って
バス!!
ゾウに会《あ》いに
行《い》くか
ぱお―――ん!!
そうとなれば
さっさと寝《ね》る!
そーな!?
そーな!?
おやすみ
なさーい
ピ

もういこう！
とーちゃん！
いいから
寝《ね》ろ
どうぶつえん
どうぶつえん
どうぶつえん

どうぶつえん!
KODOMO
USAGI

あじさい自然動物公園
わーー!!
とーちゃん ここだ!
大人
400 150
320 120
このねーちゃんに おかねはらえ!?
どうぶつえん だーー!!

やーーー
実《じつ》のところそんなに楽《たの》しみにはしてなかったんだけど
↑失礼
とーちゃんちょっとワクワクしてきたぞ？
なーー!?
あ！とーちゃん
あそこになんかいるぞ！
ダッ

ばっ
どうぶつだ!
こいつはヤギだな
ヤギ!
とーちゃんは
食《く》ったことある
おーーっ
これ
くったかー…

お
よつば いいものがある
百円
のエサ
ゴの中 下さい
ヤギのえさだ
おーーっ
にんじん くうのかー
あげるぞー ヤギー
うわ!!

おお!?
おお!?
ほらみんなくれーって言《い》ってるぞ
こどもにあげよう
ぱく
とるな!!
ばごーッ
殴《なぐ》っちゃダメだ!!

やぎは くいしんぼーだな
「ふれ愛」だぞ?
よつば ふれあい モルモット広場 だって
ふれ愛 モルモット広場
こ これ 触《さわ》っていいんですか?
すでに さわっている
いいですよー 抱《だ》いてやって下《くだ》さい

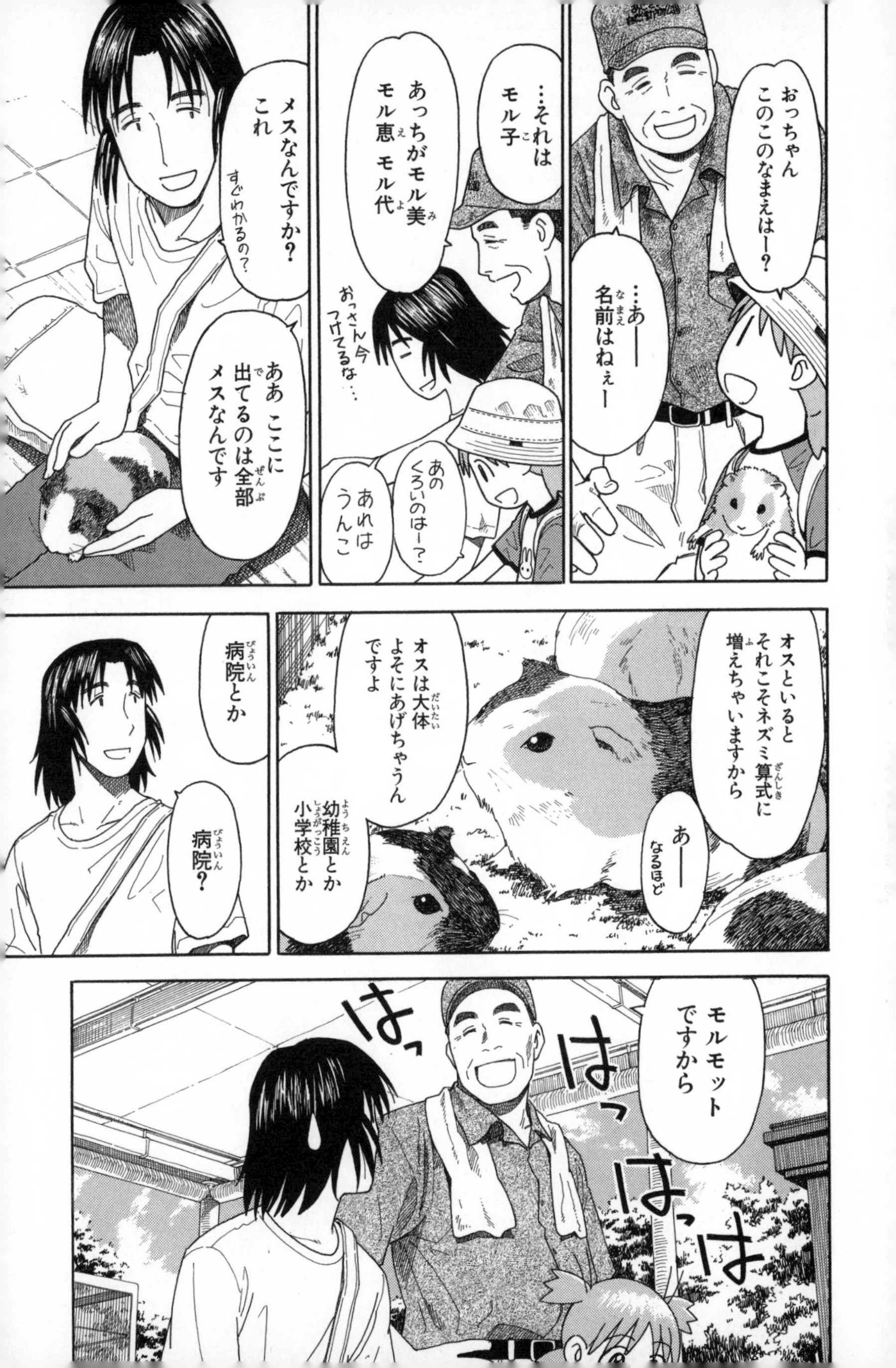

おっちゃん このこのなまえはー？
…あー 名前《なまえ》はねぇー
…それは モル子《こ》
あっちがモル美《み》 モル恵《え》 モル代《よ》
おっさん今 つけてるな…
あの くろいのはー？
あれは うんこ
メスなんですか？ これ
すぐわかるの？
ああ ここに 出《で》てるのは全部《ぜんぶ》 メスなんです
オスといると それこそネズミ算式《ざんしき》に 増《ふ》えちゃいますから
あー なるほど
オスは大体《だいたい》 よそにあげちゃうん ですよ
幼稚園《ようちえん》とか 小学校《しょうがっこう》とか
病院《びょういん》とか
病院《びょういん》？
モルモット ですから
はっ
はっ
はっは

お
フクロウだ
鳥の
ん？どーした？
よつばをじーーっと見《み》てるなぁ
モテモテだなぁ

ほあー!!
ざっ
バサ
!

お もうすぐゾウだ
お――!
でかいぞーゾウはー
な――!? 牛《うし》くらいでかいか!?
……あれくらいだ

でっけぇ!!

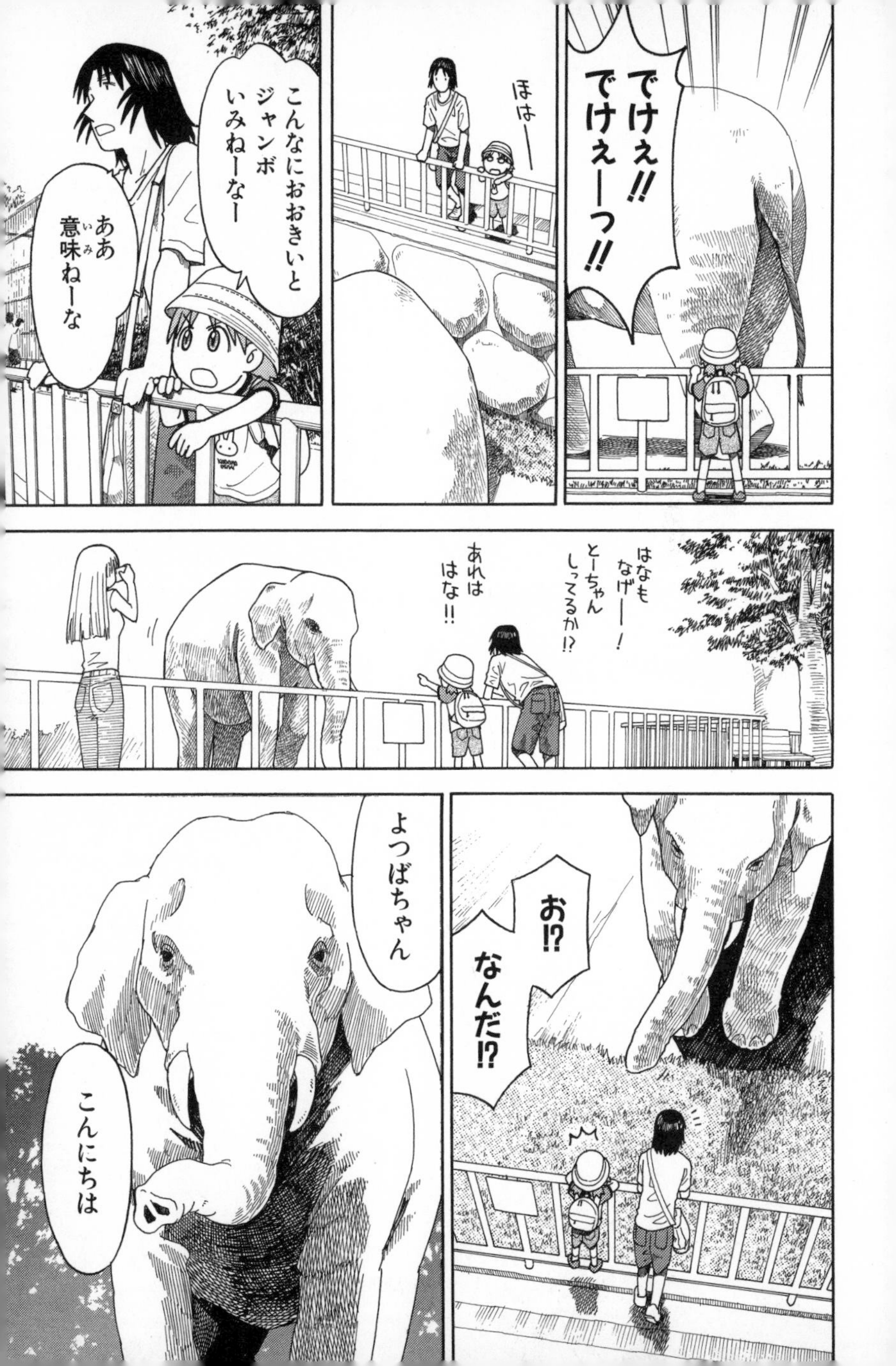
でけぇ!!
でけぇーっ!!
ほはー
こんなにおおきいと
ジャンボ
いみねーなー
ああ
意味《いみ》ねーな
はなも
なげーー!
とーちゃん
しってるか!?
あれは
はな!!
お!?
なんだ!?
よつばちゃん
こんにちは

なにいってんだ？
とーちゃん
ゾウ！
ゾウが
言《い》ってんの！
おーー！
とーちゃん
ぞうのいってること
わかるのか!?
わかるぞー
翻訳家《ほんやくか》だからな！
ぼくは
アフリカから
来《き》たんだゾウー
インドゾウ
ゾウ目 ゾウ科
いんどぞう

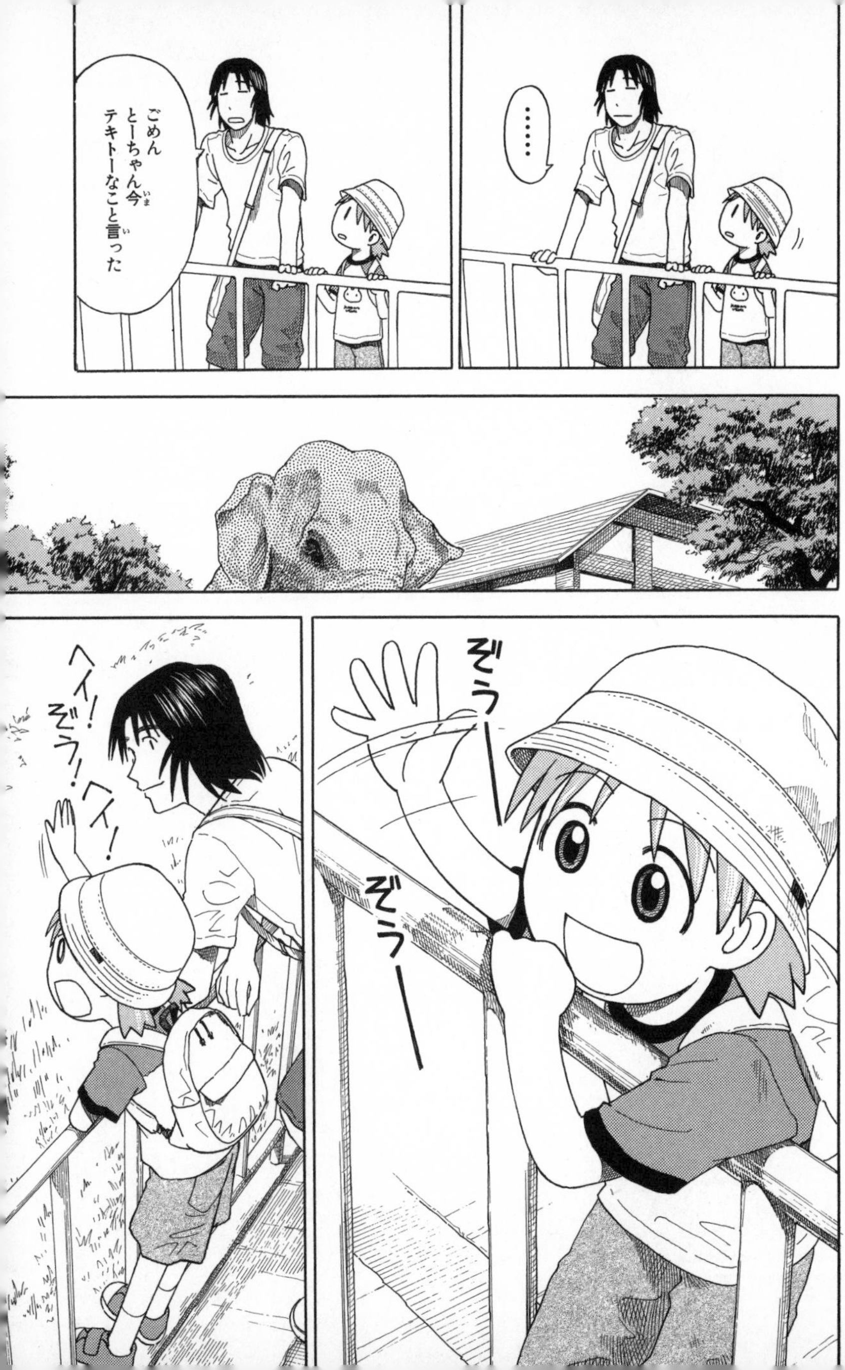
……
ごめん
とーちゃん今《いま》
テキトーなこと言《い》った
ぞうー
ぞうー
ヘイ!ぞう!ヘイ!

よつばはゾウが
何《なに》言《い》ってるか
わかるかー？
おなかすいた
おべんとう
たべたい
ーーだって
それはおまえだな？
弁当って
よし じゃあ
ゾウ見《み》ながら
弁当《べんとう》食《く》うかー
そこの木陰で
おーー
くうーー
あ！
うんこした！
言《い》わなくて
いい
でけぇ!!

よつばと!

最近あついよねー
なーー

よつばと 花火大会？

第20話

おはよー
おはよ
あさぎもパン焼《や》く?
んーー
うん
ばりーっ

おはよう
誰《だれ》!?

お父《とう》さんじゃない…
あーそうだった
お父《とう》さんて影《かげ》うすいから時々《ときどき》忘《わす》れちゃうね
はっはっは
まったくこの子《こ》はどんどん性格《せいかく》が悪《わる》くなるね
誰《だれ》に似《に》たのやら
はい
あさぎはお母《かあ》さんの若《わか》い頃《ころ》と似《に》てるよ
失礼《しつれい》ね
あ
…恵那《えな》はお父《とう》さん似《に》かなぁ
え〜〜〜〜

おはよ〜〜〜
おはよう
大丈夫《だいじょうぶ》
お父《とう》さんよ
へ？
お父《とう》さん
きのうあんなに
がんばったのにね
子供たちは
…何《なに》か
やったっけ？
運転《うんてん》
車《くるま》の
おばあちゃんち
から
ああそっか
確《たし》かに疲《つか》れたねぇ

父《ちち》の日《ひ》にあげた
肩《かた》たたき券《けん》
まだあるでしょ
使《つか》ってよ
ああ
あるよ
肩《かた》たたき券《けん》
作《つく》ったんだ
うん
これこれ
NO.0010
肩たたき券
ENA
綾瀬恵那
…こ…
こってるねぇー
肩《かた》たたき券《けん》
だけに
こってる
あー

はっはっはっは
風香《ふうか》はうまいこと言《い》うなぁ
これはざぶとん一枚《いちまい》だなぁ
お母《かあ》さん 風香《ふうか》が肩《かた》たたき券《けん》だけにこってる
だって
はっはっはっ
どーやって作ったの？それ
学校のパソコンで作ってプリントアウトしてそれにおイモのハンコを押したの
これはね最後《さいご》の一枚《いちまい》なんだ
だからねこれは…

恵那《えな》が結婚《けっこん》して出《で》て行《い》く時《とき》に使《つか》おうと思《おも》ってたんだ
とん
とん
とん
とん
それはまた気《き》の長《なが》い計画《けいかく》だわ
このおっさん…
お父《とう》さんもなかなかロマンチストね
なくなったら再発行《さいはっこう》するから使《つか》ってよー
こんどは有効期限を追加しよう
お父さん新聞テレビ欄だけちょうだい
August

おばあちゃんちから 帰《かえ》ってきたら 夏休《なつやす》みも後半《こうはん》って 感《かん》じするなー
うん
ああっ
私《わたし》まだ余裕《よゆう》
大学《だいがく》はなんで 夏休《なつやす》み長《なが》いのかしら
学費 高いのに
あ
あした
花《はな》火《び》大《たい》会《かい》だ

はなび
たいかい?
そ――
いっぱい花火《はなび》
あがるぞ――
お――！
たいかいか!!
おまえ
今日《きょう》 店《みせ》は?
うちは盆明《ぼんあ》けは
連休《れんきゅう》だ！
俺《おれ》の夏休《なつやす》みは
これからだぜ！
ふ――ん…
じゃあ
どっか行《い》くか?
よつば
はなびたいかいでる！
そっか
よつば初《はじ》めてか
なんだ出るって

よつば 花火大会《はなびたいかい》って どんなのか知《し》ってるか？
うん
えーとな はなびを みんなでやって
だれがいちばん なのかきめる
ぱち ぱち
ぱち ぱち
ビシ
な？ わかったたか？
わかった
おまえは何《なに》も わかってない

花火大会《はなびたいかい》ってのは
やるんじゃなくて
見《み》るの
見《み》るだけ
え——
なんだーもー
でも でかいぞー
すげぇでかいぞ!
でか——い花火《はなび》が
空《そら》にバ——ッ
てな!
1個《こ》じゃないぞ
いっぱいいっぱいだぞ

あ——
それテレビで
みたかもな!
あーあー
そう!
それだ!
夜店《よみせ》も出《で》るぞ
わたあめとか
りんごあめとか
お——!!
おみせでるのか!!
いこう!!
はなびたいかい!!
まえ よつばがやった
はなびよりすごいな!?
前《まえ》?
横《よこ》でやった奴《やつ》か?
あれより全然《ぜんぜん》
凄《すご》いぞ
あ なんだよ
花火《はなび》やったのかよ
俺《おれ》も呼《よ》べよ——
あさぎと
やった
!
呼《よ》べよ!!

あさぎがよつばにかってきてくれたんだー
!
きゅん
やさしい…
な――
よつば…
花火《はなび》をもらったら花火《はなび》でお礼《れい》をしなきゃ
ならんのじゃないか?
ほ――
いいこというな
……?
きれいな花火《はなび》をあさぎさんに見《み》せてあげたら
きっと喜《よろこ》ぶな?
そーな!
はなびきれいもんな!

そう…
花火《はなび》きれい
でも
あさぎさんの方《ほう》が…
なんてな…
くく…
言《い》えるかバカヤロー!!
あ
びたん
ごろごろ

ふぎゃー‼
がーっ
がうー‼
すまん！よつば‼ごめん‼
おわびに花火《はなび》大会《たいかい》で色々《いろいろ》買《か》ってやるぞ⁉
わたあめとか！たこやきとか！
きんぎょすくい！
ああ いいぞ 金魚《きんぎょ》すくいな⁉
3つよりたくさんでもいいのか⁉
へ？3つ？
俺《おれ》はよつばには3つまでしか買《か》ってやんないの
祭りでは

ああ いいぞ！
4つでも5つでも
にへー
たのしみだな!? はなび！
そーだな そーだな
でよつばは あさぎさんに花火《はなび》の お礼《れい》しなきゃな？
あさぎさんに！
しなきゃな！
きれいな花火《はなび》 見《み》せてあげ たいな!?
あさぎに はなび みせたい！
よし じゃあ 誘《さそ》ってこい！
さそってくる！
ばん

言《い》うな…
わかってる…
わかってるから…
よつばちゃん
来《き》たよ——
きたよ——
あさぎ
あさぎ!
ん?
あのな——

よつばちゃん こんにちは
だれだ!?
てきか!? みかたか!?
敵《てき》よ!!
やっつけろ!!
ちがーう!!

えっと　私《わたし》と風香《ふうか》お姉《ねえ》ちゃんとあさぎお姉《ねえ》ちゃんのお父《とう》さんです
お？
おーー！
いつもさんにんがおせわになっています
いえいえこれはご丁寧《ていねい》に
3人《にん》と仲良《なかよ》くしてやってね
してるよ
毎日《まいにち》来《き》てもいいからね
まいにちきてるよ
？
で？私《わたし》になんか用事《ようじ》？
はなび！
あのな！えーと
あさぎはなーよつばになーはなびくれたからなー
おっ
はなびたいかいをなーみせてあげるの！

えっとつまり
きれいな はなびみせるー
明日《あした》 花火大会《はなびたいかい》に 一緒《いっしょ》に行《い》こうってことね？
そう！ それ！
私《わたし》 虎子《とらこ》とかと 行《い》く約束《やくそく》してるから 一緒《いっしょ》には行《い》けないわ
ごめんね
……
あれ？
よつばはあさぎに はなびみて もらいたいの！
大丈夫《だいじょうぶ》よ 虎子《とらこ》と一緒《いっしょ》にちゃんと 見《み》てくるから
それなら あんしんだ！ よかった！
うん！

風香《ふうか》と恵那《えな》
一緒《いっしょ》に行《い》ったら?
あ 私《わたし》も友達《ともだち》と
行《い》くことになってんの
じゃ
えないこう
私《わたし》はみうらちゃんちから
見《み》る予定《よてい》だったん
だけど…
あー みうらちゃんち
花火《はなび》見《み》えるって
言《い》ってたねー
ぺん
ぺん
うん…
とん
とん
でも小《ちい》さくしか
見《み》えないから…
行《い》ってもいい?
お父《とう》さん
ねー
んー
おっちゃん!
はなびたいかいは
すげーぞ!!

な!?
ぱん ぱん
ぱん ぱん
はっはっは 素晴《すば》らしい！
恵那《えな》 行《い》ってきなさい
やった！ 行《い》っていいって
な!?
さっきの何《なに》？
じゃあ みうらちゃんも 呼《よ》んでいい？
よべ よべ！
よぶがいい！ みんなでみる！
たのしみな!!

ほんとか!? ほんとだな!?
うん
あさぎ はなびたいかい いくって
よつば あんしんした――
おお…!!
あした 何《なに》着《き》てこうかなぁ
きやははは
な―― これって水《みず》につけとく だけでいいのか?

よつばと花火大会！

第21話

よつば
もう一度《いちど》聞《き》く
あさぎさんは
花火《はなび》大会《たいかい》に
いくよ
あさぎはあさぎの
おともだちと
いっしょに
いくよ
じーー
じーー
じーーー
みーんみん
みーーーん
ぐ…
ばん

なんじゃそりゃあ!!
あははははははは
もっかいやって!もっかい!!
なんじゃそりゃあ!!
あはははははは

なんじゃそりゃー
だって！
コイ！だめだ!!
子《こ》供《ども》はあてにならねぇ!!
子供《こども》をあてにするな
うわーん 違《ちが》うよー
違《ちが》うよー
なくな！おとなだ！
連《つ》れてくるのはあんなチビっ子《こ》じゃねーだろー？
チビっ子…？

あんたは
不《ふ》必要《ひつよう》にでかいな
……あ?
ぺん ぺん ぺん
なんだこの小《ちい》さなナマイキ物体《ぶったい》は――
えーと…
男《おとこ》の子《こ》?女《おんな》の子《こ》?
カッチーン
女《おんな》だよ一《いち》応《おう》な
あんたこそ人《ひと》か?
ホモサピエンスか?
人《ひと》だよ!ホモサピエンスだよ!!

あさぎのかわりに みうらつれてきた
代《か》わりに なんね——よっ!!
ははん？
花火《はなび》大会《たいかい》は 雨《あめ》で中止《ちゅうし》です！
おてんき だよ？
？
恵那《えな》 恵那《えな》
あの大《おお》きい人《ひと》 感《かん》じ悪《わる》いね
あさぎ姉《ねえ》ちゃんに そう報告《ほうこく》しよう
なんかコワイねー
！
よーし みんな 花火《はなび》に行《い》くぞー！
お兄《にい》さんの車《くるま》に 乗《の》った乗《の》ったー！
ジャンボさん いい人《ひと》だよ？
うん そう だったかもー
はなび はなび——!!

花火大会
納涼
花火大会
八月十七日
すげーな!!
ひといっぱいだ!!
よつば
とーちゃんの手《て》
離《はな》すなよ
迷子《まいご》になったらもう
二度《にど》ととーちゃんと
会《あ》えないぞ
わかった!
まいごならない!!

そば
特製
おみせだ――!!
だだだっ
あ!
こら!!
いった
そばから……
みんなちょっと
こっち来《き》て

製
おっちゃん
これ くも?
おう
そうだよー
これがいっぱい
集《あつ》まると
雨《あめ》が降《ふ》るのさー
だから
わたあめって
ゆーの?
そうだよー
よく知《し》ってんなぁー
とーちゃん
これ…

お？
どうして隠《かく》れるんですか？
よつばは人《ひと》ゴミで迷子《まいご》になる怖《こわ》さを知《し》らん
あいつは近所《きんじょ》で迷子《まいご》になっても
大冒険《だいぼうけん》して平気《へいき》で帰《かえ》ってくるからな

迷子《まいご》になったら
もう二度《にど》と
とーちゃんと
会《あ》えないぞ

こいわいよつばです
こいわいよつばです
ほらなー？勝手《かって》にウロウロしちゃ危《あぶ》ないだろー？
ぎゅー
まつりはあぶない！えなもみうらもきをつけろ!!

いい場所とれたな
よつばちゃんまだ座っちゃダメだよー
花火すぐそこだ
よし 場所《ばしょ》も確保《かくほ》したし 花火《はなび》始《はじ》まる前《まえ》に 屋台《やたい》まわるか!
今日《きょう》はジャンボがみんなにおごってくれるから
遠慮《えんりょ》なく言《い》ってくれ
やきそば
たこやき
きんぎょ
ヨーヨー
3人《にん》とも俺《おれ》か!?
ジャンボさんて太《ふと》っ腹《ぱら》だね
あさぎ姉《ねえ》ちゃんに報告《ほうこく》しなきゃな
おう! 10個《こ》でも20個《こ》でも買《か》ってやらぁ!!

次《つぎ》はなに食《た》べよ――
よく食《く》うなみんな!
あ――!きんぎょすくい

ゆくぞ!!
カッ
ジャンボ!
もういっかいだ!
ジャンボ
もういっかいだ
もう
いっかい
もっかい
もっかい
もっかい
2匹《ひき》
1匹《ぴき》
むー
お嬢《じょう》ちゃん
1匹《ぴき》もってくかい?
なさけ
むよう!!

風船つり
つぎは ヨーヨーつりだ！
ジャンボ もっかいだ！
もっかい
もっかい
もっかい
もっかい
もっかい
よつば 俺《おれ》がコツを教《おし》えて やるから よーく 聞《き》けこのやろう
ん！
これー
ダメダメ それでかい
おまえでかいの ばっか狙うなぁー
じゃ これ
ダメダメ ゴムが水《みず》の中《なか》だろー
それだ それが狙《ねら》いめだ
ゆっくり！ 紙《かみ》を濡《ぬ》らさず！

ばん
ばん
ばん
しゅぽ
ぱしゃ
……!
あー
あーっ
私《わたし》のやるよ

よっ
残念賞
ぐ〜
ごろん

おなかいっぱい…
ねむたい…
おまえ食いすぎだ
それビール？ちょっとちょーだいよ
ぐ～
ピュルルル～～
ド
!!
て てきか!?
よつばちゃん始《はじ》まったよ！
ガバ
ピュルルルルルル

ドン

やっぱ近《ちか》くで見《み》ると迫力《はくりょく》が違《ちが》うなー！
音《おと》が体《からだ》に当《あ》たってくるね！
はなび!?
あれはなび!?
そーだよ！
あ！よつばちゃんこういう花火《はなび》初《はじ》めて？
うん！
ドン
ドン
おーーー！
すげー！なー!?
どーん！
どーん！
な!?
どーん！
どーん！
どーん！

よつばはこっち来《き》てから初《はじ》めてがいっぱいだな
なーー！ここはとかいな!?
ここ都会じゃないよー
ドーン
おはな！でっけーおはな！
ああ
な!?
…おはなやさんいみねーなー
ええ!?

すげーな!
とーちゃん
みてるか!?
見《み》てるよ
あさぎとふーかも
みてるな!?
見《み》てるよ
ひゅるる
とんだ!
さいた!

■初出＝月刊コミック電撃大王04年5月号～04年11月号（メディアワークス刊）
※乱丁・落丁本はお取り替えいたします。

よつばと! 3

電撃コミックス
2004年12月15日　初版発行
2015年11月18日　42版発行
著者＝あずまきよひこ
発行者＝塚田正晃
プロデュース＝アスキー・メディアワークス
〒102-8584
東京都千代田区富士見1-8-19
☎03-5216-8398（編集）
☎03-3238-1854（営業）
発行＝株式会社KADOKAWA
〒102-8177
東京都千代田区富士見2-13-3
印刷・製本＝図書印刷株式会社
編集・デザイン＝里見英樹
企画・制作＝よつばスタジオ
定価はカバーに表示してあります。
Printed in Japan
ISBN978-4-04-869294-6 C9979

つづく

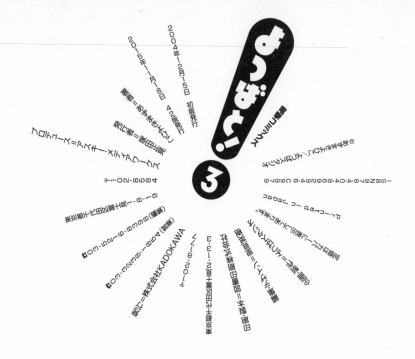